Zhongguo Wenhua
Zhishi Duben

中国文化知识读本

主编　金开诚

编著　魏　铭

吉林出版集团有限责任公司
吉林文史出版社

陶渊明与田园诗

图书在版编目（CIP）数据

陶渊明与田园诗 ／ 魏铭编著. –– 长春 ：
吉林出版集团有限责任公司 ：吉林文史出版社，2009.12 （2023.4重印）
（中国文化知识读本）
ISBN 978–7–5463–1256–9

Ⅰ．①陶… Ⅱ．①魏… Ⅲ．①陶渊明 (365～427) –
人物研究②田园诗–文学欣赏–中国–东晋时代 Ⅳ.
①K825.6②I207.22

中国版本图书馆CIP数据核字(2009)第223063号

陶渊明与田园诗

TAOYUANMING YU TIANYUANSHI

主编／ 金开诚 编著／魏 铭

项目负责／崔博华 责任编辑／曹 恒 于 涉

责任校对／王文亮 装帧设计／曹 恒

出版发行／吉林出版集团有限责任公司 吉林文史出版社

地址／长春市福祉大路5788号 邮编／130000

印刷／天津市天玺印务有限公司

版次／2009年12月第1版 印次／2023年4月第5次印刷

开本／660mm×915mm 1/16

印张/8 字数／30千

书号／ISBN 978–7–5463–1256–9

定价／34.80元

编委会

前　言

　　文化是一种社会现象，是人类物质文明和精神文明有机融合的产物；同时又是一种历史现象，是社会的历史沉积。当今世界，随着经济全球化进程的加快，人们也越来越重视本民族的文化。我们只有加强对本民族文化的继承和创新，才能更好地弘扬民族精神，增强民族凝聚力。历史经验告诉我们，任何一个民族要想屹立于世界民族之林，必须具有自尊、自信、自强的民族意识。文化是维系一个民族生存和发展的强大动力。一个民族的存在依赖文化，文化的解体就是一个民族的消亡。

　　随着我国综合国力的日益强大，广大民众对重塑民族自尊心和自豪感的愿望日益迫切。作为民族大家庭中的一员，将源远流长、博大精深的中国文化继承并传播给广大群众，特别是青年一代，是我们出版人义不容辞的责任。

　　本套丛书是由吉林文史出版社和吉林出版集团有限责任公司组织国内知名专家学者编写的一套旨在传播中华五千年优秀传统文化，提高全民文化修养的大型知识读本。该书在深入挖掘和整理中华优秀传统文化成果的同时，结合社会发展，注入了时代精神。书中优美生动的文字、简明通俗的语言、图文并茂的形式，把中国文化中的物态文化、制度文化、行为文化、精神文化等知识要点全面展示给读者。点点滴滴的文化知识仿佛颗颗繁星，组成了灿烂辉煌的中国文化的天穹。

　　希望本书能为弘扬中华五千年优秀传统文化、增强各民族团结、构建社会主义和谐社会尽一份绵薄之力，也坚信我们的中华民族一定能够早日实现伟大复兴！

目录

一、陶渊明生平

宜丰南山

　　宋代地理总志《太平寰宇记》有关于陶渊明家境的记载，说陶渊明"始家宜丰"，是指刚开始家庭挺丰裕的，宜丰旧《图经》也有这种说法。陶渊明29岁离家去了柴桑，出任江州祭酒、镇军参军，后任彭泽县令。因为在官场上不事权贵，最终弃官隐居栗里（今星子县境内）。52岁时和自己的小儿子陶佟回归宜丰故里，四年后返回浔阳，逝于柴桑。陶佟留居故里。今澄塘镇秀溪、故村等处的陶姓人都是陶佟的后裔。《历代方志》中记载宜丰境内有南山、柳斋、菊轩、东篱、洗墨池、藏书礅、故里桥、靖节桥、我公桥、舒啸台、赋诗湾、顾渊石、醉卧石、渊明洞、读书堂、靖节祠等都是陶渊明遗迹及其纪念建筑。

陶渊明出身于破落的仕宦家庭。曾祖父陶侃是东晋开国元勋重臣，军功显著，官至大司马，都督八州军事，荆、江二州刺史，封长沙郡公。祖父陶茂、父亲陶逸都做过太守，外祖父孟嘉做过征西大将军。

陶渊明年幼时，家道衰落，8岁丧父，12岁祖母病逝，与母妹三人度日。孤儿寡母，多在外祖父孟嘉家里生活。孟嘉是当时社会的名士，《晋故征西大将军长史孟府君传》中

陶渊明出身于破落的仕宦家庭

东晋陶渊明笔下的《桃花源记》描绘了古人向往的人间仙境

记载他为人行动不苟合，没有夸耀与矜持，在脸上未尝有过喜乐与愠怒的表情。爱好醑酒，但是喝多了也不作乱。至于到了忘怀得意的时候，就旁若无人。这是说他也是一位性情中人，行为坦荡，有很高的修养。陶渊明从小就多受其祖父的影响，在为人处世方面，有很多地

方追仿其外祖辈的样子。在日后，他的个性、修养，在很多方面都受到其外祖父遗风的影响。外祖父家里藏书多，给他提供了阅读古籍和了解历史的条件，在学者以老庄为本宗而罢黜《六经》的两晋时代，他不仅像一般的士大夫那样学了《老子》《庄子》，而且还学了儒家的《六经》和文、史以及神话之类

江西宜丰风光

陶渊明与田园诗

的"异书"。时代思潮和家庭环境的影响，使他接受了儒家和道家两种不同的思想，培养了他"猛志逸四海"和"性本爱丘山"的两种不同的志趣。

陶渊明少年时代就有要成就大事，报效祖国的大志。孝武帝太元十八年（公元 393 年），陶渊明 29 岁，他怀着大济苍生，为民造福的愿望，任江州祭酒。当时门阀制度森严，但是由于他出身于庶族，受人轻视，感到不堪忍受，不久就解职回家了。他辞职回家后，州里又来召他做主簿，他也辞谢了。安帝隆安四年（公元400 年），他到荆州，投入桓玄门下作属吏。这时，桓玄正控制着长江中上游，窥伺着篡夺东晋政权的时机。他当然不肯与桓玄同流，做这个野心家的心腹。他在《辛丑岁七月赴假还江陵夜行涂口》诗中写道："如何舍此去，遥遥至西荆。"表明作者不愿离开本地到西荆去，对辅佐桓玄有悔恨之意。在《庚子岁五月中从都还阻风于规林二首》中写道："久游恋所生，如何淹在兹？"对俯仰由人的宦途生活，发出了深深的叹息。隆安五年（公元 401 年）冬天，他因丧母辞职回家。元兴元年（公元

美景好似桃花源

陶渊明生平

402 年）正月，桓玄举兵与朝廷对抗，攻入建康，夺取东晋军政大权。元兴二年（公元 403 年），桓玄在建康公开篡夺了帝位，改国号为楚，把安帝幽禁在浔阳。他在家乡躬耕于野，闭户高吟，表示对桓玄称帝之事，不屑一谈。

元兴三年（公元 404 年），建军武将军、下邳太守刘裕联合刘毅、何无忌等官吏，自京口（今江苏镇江）起兵讨桓平叛。桓玄兵败西走，把幽禁在浔阳的安帝带到江陵。他离家投入刘裕幕下任镇军参军。当刘裕讨伐桓玄率兵东下时，他仿效田畴效忠东汉王朝乔装驰驱的故事，乔装私行，冒险到达建康，把桓玄挟持安帝到江陵的始末，驰报刘裕，实现了他对篡

因不满朝政，陶渊明回家躬耕于农

陶渊明与田园诗

夺者抚争的意愿。做了这样伟大的事件，他高兴极了，在《荣木》第四章中写诗明志，说自己虽然已经 40 岁了，还默默无闻，但是没有什么可怕的，送给我名车与骏马，路途虽然遥远，但是谁不敢不来呢！刘裕打入建康后，作风也颇有不平凡的地方。由于东晋王朝的政治长期以来存在"百司废弛"的积重难返的腐化现象，经过刘裕的以身作则，预先下威严的禁令整顿，因此也起到了一定效果。"内外百官，皆肃然奉职，风俗顿改"。

陶渊明的性格、才干、功绩，颇有与陶侃

对朝廷愈加失望的陶渊明萌生了隐居山泽的想法

相似的地方，刘裕曾一度对他产生好感。但是进入幕僚不久，看到刘裕为了剪除异己，杀害了讨伐桓玄有功的刁逵全家和无罪的王愉父子，并且凭着私情，把众人认为应该杀的桓玄心腹人物王谧任录为尚书事领、扬州刺史这样的重要的官职，这些黑暗现象，使他感到失望。在《始作镇军参军经曲经阿曲伯》这首诗中写道："目倦山川异，心念山泽居……聊且凭化迁，终返班生庐。"表明作者他看惯了这种不同寻常的黑暗社会，想着要隐居山泽。紧接着就辞职隐居。并于义熙元年转入建威将军，江州刺史刘敬宣部下任建威参军。三月，他奉命赴建康替刘敬宣上表辞职。刘敬宣离职后，他也随着去职了。

同年秋，叔父陶逵介绍他任彭泽县令，到任八十一天，碰到浔阳郡派遣督邮来检查公务，属吏告诉陶渊明要穿正装束带亲自迎接他。他叹道："我岂能为五斗米向乡里小儿折腰。"于是授印辞去职位。陶渊明十三年的仕宦生活，自辞彭泽县令结束。这十三年，是他为实现"大济苍生"的理想抱负而不断尝试、不断失望、终至绝望的十三年。最后，在辞赋《归去来兮辞》中，作者表明与上层统治阶级决裂，不与世俗同流合污的决心。

陶渊明辞官归里，过着"躬耕自资"的生活。夫人翟氏，与他志同道合，安贫乐贱，"夫

陶渊明终于下定决心辞官回家躬耕自资

陶渊明爱菊

耕于前，妻锄于后"，共同劳动，一起过着艰苦朴素的贫苦生活，与劳动人民日益接近。在他归田的初期，生活还能过得去。"方宅十余亩，草屋八九间，榆柳荫后檐，桃李罗堂前"，这些都是对其生活状况的鲜明写照。陶渊明爱菊，宅边遍植菊花。"采菊东篱下，悠然见南山"等诗句至今脍炙人口。他天性嗜酒，而且每饮必醉。每当朋友来访，无论贵贱，只要是家中有酒，必与其同饮。他先醉，便对客人说自己醉了，要先睡了，你一会可以自己回家吧。朋友只得自己离去，这些朋友都习以为常，并不计较。义熙四年（公元 409 年），陶渊明住地上京（今星子县城西玉京山麓）发生大火，迁至栗里（今星子温泉栗里陶村），生活较为困难。假如逢丰收年，还可以"欢会酌春酒，摘我园中蔬"，过着可以温饱的生活；如果遭遇灾年，则"夏日抱长饥，寒夜列被眠"，只能忍饥又挨饿。义熙末年，有一个老农清晨敲门，带酒与他同饮，劝他出仕："褴褛屋檐下，未足为高栖。一世皆尚司，愿君汩其泥。"是劝他自己在家过着褴褛的生活，其实并不是自己高贵的表现，世间的事都是那样是非不分，希望陶渊明能出仕做官，那样就不至于这样的生活窘迫了。他在《饮酒》诗中感谢老者的劝诫，说自己参与官场进行学习是可以的，但是违反自己的内心意愿就不好了。

一叶扁舟，悠然自得

陶渊明生平

陶渊明晚年生活日渐窘迫

意思是说在此共饮就好了，我是不可能再回到官场中去了。陶渊明用温和而不窘迫的语气，谢绝了老农的劝告。

他的晚年，生活愈来愈贫困，有的朋友主动送钱周济他。有时，他也不免上门请求借贷。他的老朋友颜延之，于刘宋少帝景平元年（公元 423 年）任始安郡太守，经过浔阳，每天都到他家饮酒。临走时，给陶渊明留下两万钱。但是他全部送到酒家，陆续饮酒。不过，他对于求贷或接受周济是有原则的。宋文帝元嘉元年（公元424年），江州刺史檀道济亲自到他家访问。这时，他又病又饿好些天，起不了床。檀道济劝他做为一位贤者入世，如果天下黑暗则可以归隐，天下文明则就可以出仕做官了。现今你生在文明的世道上，为什么对自己如此狠心，不出去做官？他说："潜也何敢望贤，志不及也。"陶渊明用谦虚的口吻回绝了檀道的好意。在檀道赠送陶渊明食品时，陶渊明挥而去之，不留任何东西。他辞官回乡二十二年，一直过着贫困的田园生活，而匿穷守节的志趣，越老越坚定。陶渊明的晚年，贫病交加，身体愈来愈衰老。元嘉四年（公元427年）九月中旬神志还清醒的时候，给自己写了《挽歌诗》三首，在第三首诗中末两句说："死去何所道，托体同山阿。"表明他对死亡看得那样平淡自然。同年十一月与世长辞。亲友们用俭朴的仪式安葬了他，好友颜延之在《陶征士诔序》中认为他具有"宽乐令终之美，好廉克己之操"的伟大品格，为他立谥号"靖节"。

尽管贫困，但陶渊明仍然过着自己的田园生活

二、陶渊明作品

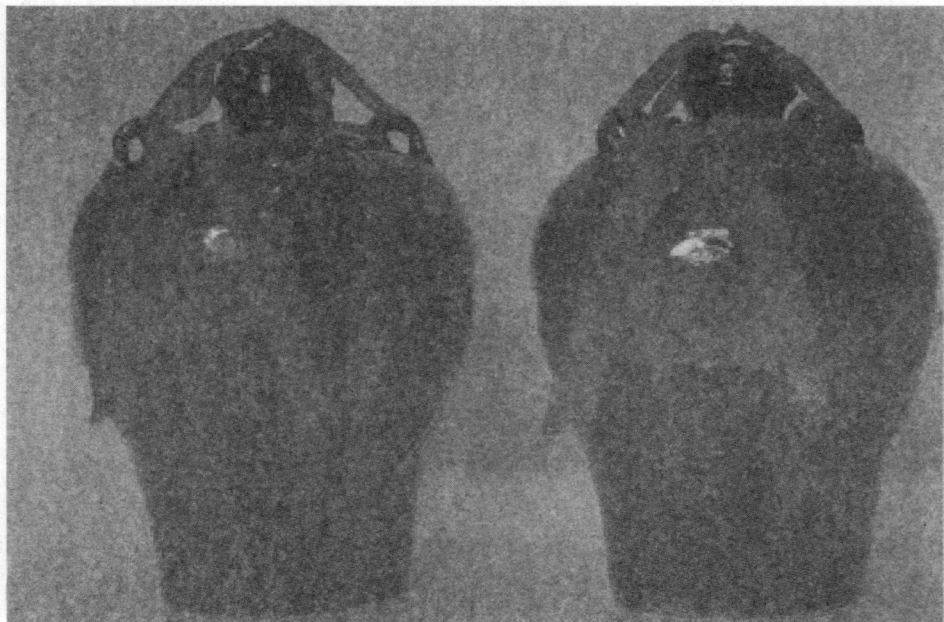

陶渊明爱饮酒，也爱作饮酒诗

陶渊明是东晋杰出的辞赋家、散文家、诗人，可谓汉魏南北朝八百年间最杰出的文学家。陶渊明诗歌今存 125 首，多为五言诗。从内容上可分为饮酒诗、咏怀诗和田园诗三大类。

（一）饮酒诗

陶渊明是中国文学史上第一个大量写饮酒诗的诗人，诗集中共有饮酒诗六十余首，在《陶渊明集序》中，萧统第一次揭示了陶渊明饮酒诗的内涵："有疑陶渊明诗篇篇有酒，吾观其意不在酒，亦寄酒为迹者也。"说他虽然几乎篇篇诗中都有酒，但是陶渊明的真正用意并不在酒上，而是借

酒表达自己的心情。以其独特的审美视角解释了陶渊明饮酒诗的深意。古人云："杯中之物堪以乐，一饮魂销万古愁。"综观陶渊明饮酒诗，也可领略到诗人纯真而又质朴的情趣。

他的《饮酒二十首》以"醉人"的语态或指责是非颠倒、毁誉雷同的上流社会；或揭露世俗的腐朽黑暗；或反映仕途的险恶；或表现诗人退出官场后怡然陶醉的心情；或表现诗人在困顿中的牢骚不平。从诗的情趣和笔调看，可能不是同一时期的作品。东晋元熙二年（公元 420 年），刘裕废晋恭帝为零陵王，第二年杀掉晋恭帝自立为王，建刘宋王朝。《述酒》即以比喻手法隐晦曲折地记录了这一篡权易代的过程。对晋恭帝以及晋王朝的覆灭流露了无限的哀婉之情，此时陶渊明已躬耕隐居多年，对于乱世也看惯了，篡权也看惯了。但这首诗仍透露出他对世事不能忘怀的精神。

纵观陶渊明的饮酒诗，可以归纳出以下几个特点：

1、真心体味自然的美与旷达

陶渊明一生追求"真""朴""淳""自然"，主张回归率性而为的"自然之乡"，憎恶曲意逢迎的官场生活。早年虽有过鸿鹄之志，但都在黑暗浑浊的社会大氛围中磨平了棱角。出于生计考虑虽多次为官，但自己过得并不快乐，并慨叹自

陶渊明一生追求率性，
主张回归自然

陶渊明与田园诗

陶渊明的诗作中反映了他追求
真性情的志趣

己的为官生涯是"误落尘网中"。可见，诗人对无拘无束的自由生活的向往之情是多么的急切！晋元兴二年（公元 403 年），诗人因母亲去世，居忧在家，作《和郭主簿》二首，第一首中有"春秫作美酒，酒熟吾自斟。弱子戏我侧，学语未成音"四句，邱嘉穗在《东山草堂陶诗》卷三中评说是陶渊明真性情的自然表露，表达的是陶公自述的素位之乐，他不因为贫贱而慕于外，不因为富贵而动于中，这怎么能是矫情表达出来的？今年园里的蔬果还有余留，去年的谷米还有储存，这表明家境尚可。在消阴中夏这样的一个时节，南风吹拂衣裳，闲适

陶渊明作品

躬耕于田野，自得其乐

游于六艺，小儿子咿呀学语，在一旁嬉戏，高兴之余举杯弄盏，载酒挥觞，尽享人伦之乐，自是趣味横生。此时陶渊明深切感受到脱离"心为形役"的畅快，便欣然写道："此事真复乐，聊用忘华簪。"

2、乐天知命的人生体现

陶渊明归田之后的诗《和刘柴桑》中有"谷风转凄薄，春醪解饥劬。弱女虽非男，慰情良胜无"四句诗，可谓是陶渊明的乐天之作。躬耕于田野，东风已渐渐凄薄，薄酒一杯可以解除疲劳，虽说浊酒不如佳酿，但用以调节情趣却是有过之而无不及的，既有之则安之，正是诗人"乐天知命"人生观的体现。

又如《游斜川》中"中觞纵遥情，忘彼千载忧。且极今朝乐，明日非所求"，正如诗人所说无须太顾虑百年之后的景况，有酒且饮，且为之乐便是人生的一大快事。再如《杂诗》其四中的"一觞虽独进，杯尽壶自倾"，《饮酒》其九中的"虽无挥金事，浊酒聊可恃"等均是诗人知命而乐天精神的体现。

陶渊明并没有远离人烟，而是享受人间的至真乐趣

3、以酒会邻的人生态度

陶渊明并没有像当时社会的一些隐士一样，啸聚山林，远离人烟，而是"结庐在人境"，在"与人聚"的自然生存状态中挥洒性情，亦是别有一番乐趣。

陶渊明作品

陶渊明并不赞同老子"老死不相往来"的想法，而是注重交流和沟通

《归园田居》其五中有"漉我新熟酒，只鸡招近局。日入室中暗，荆薪化明烛。欢来苦夕短，已复至天旭"几句，可谓是《归园田居》其四的转折诗篇。《归园田居》其四是悲哀于死者之死，而这一首则表明死者是不可能复还了，而活着的人还可以与人一起共乐啊。所以陶渊明耕种而还家，洗漱完毕之后，即以斗酒只鸡，招待客人长夜共饮。诗人在南野地方开垦荒地，免不了扶犁种庄稼，与农民一样辛勤耕耘。劳作之后与邻居相聚饮酒，酒酣之时，感慨叹气于光阴易逝，欢乐太短，于是众人通宵欢饮。这种田家快乐欢饮的真情真景，令人悠然向往。又如《杂诗》其一"得欢当作乐，斗酒聚比邻"中所体现出来的也正是这种惜时达乐的人生态度。

4、好德乐道的崇高人品

陶渊明不同于老子"老死不相往来"的小国寡民思想，他认为人的性灵相知在于沟通，在于心与心的交换，而不是将真情藏于冷峻，一味地去追求超脱尘世，这是典型的田园君子的"好德乐道"思想。

《答庞参军》中有"我有旨酒，与汝乐之""送尔于路，衔觞无欣""岂忘宴宾"等

乡村田园风光

句子，由此可以看出陶渊明高雅脱俗的性情，而且以酒会友，将朋友之间这种笃挚的深厚交情，巧妙地表达出来。这一首诗中的酒反映了诗人的心理渐进过程，将诗人"好德乐道"的思想尽情展现出来。其一、二分别写"酒是我所好的"及"拿酒于朋友同好"；其三则写"同好"之人既然来了，何不以酒招待，以求同乐。主客因旨趣相投，才一天不见，就甚是想念的真挚情感；其四则是写分别之时的酒。世上知音本来就少，而今匆匆聚首，心里的话还没有说尽，就要分别，同德的朋友不知何日再能听到消息；其五则为担忧之酒，魏晋社会动荡，王事更加不稳定，庞参军奉宋文帝刘义隆之命，在上京作乱，此去前程未卜，一杯薄酒表深情。整首诗充满了对友人的关切之情，读之感人，令人为之泪下！

陶渊明饮酒诗风韵独具，读陶渊明的诗如品酒，诗外有酒气，诗内怡性情。

（二）咏怀诗

陶渊明的咏怀诗也有相当的数量。以《杂诗》《读山海经》为代表。《杂诗》多表现了自己归隐后有志难驰骋的政治苦闷，抒发了自己不与世俗同流合污的高洁人格。可见诗人内心无限深广的忧愤情绪。《读山海经》借吟咏《山海经》中的奇异事物表达了同样的思想感情，

陶渊明在许多诗作中抒发了怀才不遇的苦闷

陶渊明与田园诗

如第十首借歌颂精卫、刑天的"猛志固常在"
来抒发和表明自己济世志向永不熄灭。

陶渊明少年有壮志，志在高远

1、早年咏怀诗

陶渊明出生在一个极端黑暗、民族矛盾和
阶级矛盾都异常尖锐的时代。他的家庭是一个
急剧没落的官僚地主之家，生活虽困难，但是
陶渊明少年有壮志，他在《杂诗》中就回忆说
自己在少壮时期，"猛志逸四海，骞翮思远翥"。
他积极进取，志在远走高飞，为国立功，在政
治上有所作为，对前途充满信心。早年的咏怀
诗就表达出这种远大的理想。29 岁前后创作的
《命子》诗，前六章称赞陶氏一门传统的高贵，

陶渊明作品

夸耀祖先的功德和恩遇，抒发出他救世济时的远大抱负。诗人希望天下政治清明，像祖先一样，辅佐圣明天子，干一番轰轰烈烈的事业，然后功成身退，流芳百世。诗人深为华发早生，功名未就而抱愧不已。面对"福不虚至，祸亦易来"的残酷现实，对自己还是对下一代，都未放松有所作为的努力。《命子》一类诗题，历来很多诗借它来抒发自己对未来的希望，陆游的《示儿》诗就表现了他收复失地，洗雪国耻的爱国主义理想。在这一点上，《命子》诗对后代诗人是有启发的。以轻松愉快的笔调，描写他在家中的闲适生活，与这些描写天伦之乐的诗句一样，充满浓厚的生活气息。

百丈之崖，孤松挺立

陶渊明写的第一首咏怀诗题叫《杂诗一首》："袅袅松标崖，婉娈柔童子。年始三五间，乔柯何可倚？养色含津气，粲然有心理。"渊明此时才15岁，短短六句昂然透出其"少时壮且厉"的远大志向——袅袅松苗，高标百丈之崖，粲然不群，胸怀栋梁之心。他的一生，如同这棵挺立悬崖绝壁之上的孤松，任凭风吹雨打，坚贞不移。字里行间，跳跃着一个意气风发、

陶渊明怀揣远大的政治抱负

陶渊明洁身自好的品质十分难得

斗志昂扬的少年英雄的身影，他热切希望有朝一日，奔赴辽远的北方沙场，收复中原、建功立业。为国家和民族贡献青春和才华。即使到归田的初期，陶渊明仍在抒发自己内心的愤懑。

陶渊明早期除了这种强烈的政治抱负和热情奔放的性格外，同时还具有不慕荣利、洁身自好的情趣。他在《命子》诗里赞扬其父亲不计较进退得失的态度以及对当时黑暗社会不同流合污的清醒认识，表明一种坚贞的人格，这些都反映出诗人所接受的深刻社会影响和心灵深处官与隐两个方面矛盾的萌芽。从他的作品里，可以看到陶渊明很早就既有实现政治理想的要求，又有隐逸的兴趣和思想准备，而对于这个刚刚踏上人生征途的青年诗人说来，壮志豪情、乐观自信的一面，当然起着决定性的作用。

2、仕宦期咏怀诗

晋太元十八年（公元 393 年）到义熙元年（公元 405 年），是东晋历史上战乱最频繁，人民最痛苦的动荡时期，也是诗人仕宦从政的时期。这个时期作者的咏怀诗反映了诗人在入仕问题上反复、曲折的思想变化和政治

陶渊明对仕宦官场产生质疑，开始向往质朴自然的生活

陶渊明作品

理想的幻灭。

　　这时陶渊明由于"质性自然"的生活理想始终不能实现，渐渐产生了对仕宦生活的怀疑和否定。其咏怀诗常用山川景物起兴，引出一番身世的感叹，表明其归返家园，坚持个人操守的素志是坚定不移的。综观陶渊明反映仕宦生活的咏怀诗，几乎无一不流露出对田园自然深厚的感情，一直企图摆脱这种为仕宦所拘的"羁鸟"和"池鱼"式的官场生活。

　　岁月流逝，陶渊明对黑暗政治的认识更趋深刻，对现实社会的愤懑也与日俱增，最后终于在"我岂能为五斗米折腰向乡里小儿"的无比愤慨中，带着"大济苍生"的未竟之

权衡利弊以后，陶渊明开始了新的更有意义的耕读生活

认清了官场黑暗后，陶渊明回归了田园生活

陶渊明与田园诗

志向，像一只离林的归鸟，为了避免成为黑暗社会残酷迫害的目标，离开了污浊的官场，开始了新的更有意义的耕读生活。透过他的作品，不难看出诗人辞官归田的断然举动，绝非一时的感情冲动或意气用事，而是历经宦海浮沉，长期深思熟虑，权衡轻重的结果。

东汉灭亡之际，是诗人的归田之期

3、归田时咏怀诗

东晋末年，社会动荡，陶渊明生活更是穷困潦倒

大概从陶渊明彭泽归来到东晋灭亡，是诗人的归田期。由于这段时期社会背景更加复杂，矛盾更加尖锐：陶渊明从官的江州和荆州地方社会凋敝，刑政更加黑暗多病。"遂令百姓疲匮，岁年滋甚，财伤役困，虑不幸生。"（《宋书·武帝纪》）到处呈现出一片残破零落、民不聊生的凄凉景象，陶渊明也处在水深火热之中：家庭两次遇火，饥寒交迫，生活日渐艰难，过着穷愁潦倒的生活。因而他这个时期的咏怀诗更增强了愤世嫉俗，反映对现实、人生的执著和眷恋。

陶渊明归田之后，政治理想虽破灭了，但他并没有抛却自己的崇高理想而就此消沉颓废，

陶渊明与田园诗

对现实不闻不问，抚今追昔，他内心充满矛盾的痛苦和煎熬，并形诸于咏怀的笔墨。这个时期，是陶渊明咏怀诗发展的高峰期。他的咏怀诗告诉我们，虽然这时陶渊明实现政治理想的希望已彻底破灭，但他并非像有人描绘的那样心平气和、逆来顺受，屈从命运的安排与摆布。而是始终昂首阔步，坚毅地前进在躬耕的道路上，置饥寒困顿于不顾，对现实和人生仍一如既往地关心和执著。只是增添了更多的愤懑和哀愁，进一步坚定了与黑暗势力斗争到底的信念。

义熙十四年戊年（公元 418 年）以后，陶渊明正赶上晋宋两朝易代的社会大变动。这时

虽然生活穷困，但陶渊明并未退缩，继续坚强的躬耕生活

陶渊明作品

他的作品应该视为归田后期的作品。在这急遽变化的年代里，诗人晚境更趋悲惨，贫病交加，刚能勉强维持不至断炊的清贫生活。他晚年时期，虽然潦倒如此，但仍以饱满的热情，不屈的斗志，写下三十多首反映政治现实，"金刚怒目"式的光辉诗篇，表达其对当时社会黑暗的憎恶和抗议。

陶渊明晚年时期的咏怀诗，反映了他思想发展的新阶段，把尽情挥洒对现实的不满转为带有浓厚的浪漫主义色彩。俯仰宇宙、上下古今，表现出诗人性格上极其豪放的一面。朱熹在《朱子语类》中称道："渊明诗，人皆说平淡，舍看他自豪放，但豪放得来不觉耳。其露出本相者，是《咏荆轲》一篇，平淡的人如何

朱熹曾高度评价陶渊明的咏怀诗

陶渊明与田园诗

陶渊明将归隐视作另一种自由

说得这样言语出来。"这些话是有说服力的。陶渊明不总像一般人那样隐居，无所作为，而是把归隐作为一种自由发表政治条件加以充分利用，通过这种独特的斗争方式而形成千古流传的诗章，流传至今不朽。

陶渊明作品

除以上两种诗歌之外，陶渊明最重要也是最出色的就是他的田园诗。

（三）辞赋

除诗歌之外，陶渊明文章有辞赋三篇、韵文五篇、散文四篇，共计十二篇。

辞赋中的《闲情赋》是仿张衡《定情赋》和蔡邕《静情赋》而作，是陶渊明一篇非常奇特的作品。赋前有小序，他在序中先评说张衡、蔡邕的同一题材的赋是抒发自己不满的内心世界，起到了讽谏的作用，表示自己此赋纯粹是在时间充裕的情况下的游戏之作。此赋对爱慕之情的刻画极为精细工巧，极为生动逼真，极为别出心裁。萧统对陶渊明推崇备至，称自己为对陶渊明的诗文爱不释手，想到陶渊明的德

萧统对陶渊明赞赏有加

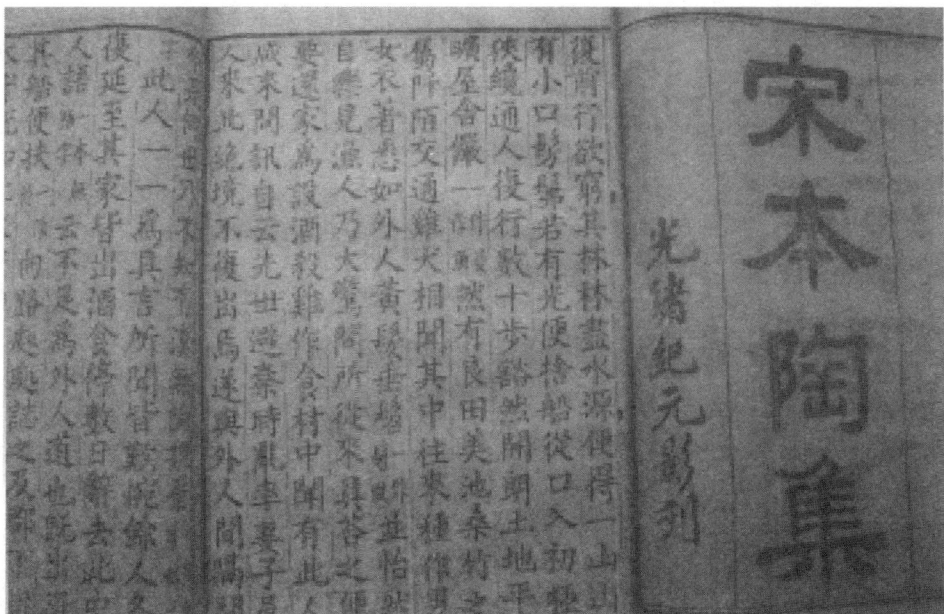

行，恨不能与其在同一个社会。但在作品中却说道陶渊明的这篇《闲情》一赋就像白璧中的小小瑕疵，一无是处。但在现在看来，在当时那种时代居然出现了这样一篇作品真是一个不小的奇迹，而竟然出自一个向来被视为闲云野鹤、隐逸高士的陶渊玥之手，更使人感到一份惊喜。

赋文一开始，作者就塑造了一个美丽妖娆、超凡绝俗的女子形象，她有倾城的美色，雅致的性情，飘逸而善感，遗世而独立。正是因为女子的惊人美丽，引出对女子思慕之心、渴念之情的描绘。那种愿与所爱同处而见不得一丝

陶渊明在诗作中向爱慕的
女子直陈衷情

之隙的强烈感情，那种因情到深处而欲进还退的游移踌躇，在一连串十个"愿"字句中淋漓尽致地表现出来。他一连用了十个排比句，极写他愿意化为所爱女子的衣领、衣带、发膏、眉黛、莞席、丝履、身影、蜡烛、竹扇、鸣琴，希望能与她朝夕相处，永不分离。而每发一愿，又交织着遗憾，因为即使化为这些近身贴体之物，也终有离体之时。原来，这样一个有旷世的隐者，他心中对爱慕女子的感情竟然是如此的浓烈而动人！如此的直陈衷情，扫尽尘世的矜持保守、忸怩作态，没有丝毫的矫情，"坦万虑以存诚，憩遥情于八遐"。"虽文妙不足"固是谦虚之辞，"庶不谬作者之意乎"则是自我道白出于真心的最好说明了。陶渊明真率任情，一洗凡人的庸俗，作者的至诚之心，千载之后犹然可见。作品最后部分极写未与女子同处的怅惘悲哀，日月山川，草木鸟兽，莫不同气共慨。只留得长长的夜不能寐，众念徘徊。满腔深情，万缕闲愁，都付与凄凄北风，一江东水而去！

陶渊明的诗文向以恬淡旷达著称，而这篇赋却写得如此多愁善感，风情旖旎，浓墨重彩，费尽心力。看来"飘飘然"的陶渊明和"金刚怒目式"的陶渊明之外，还有第三种陶渊明，那就是对所恋女子一往情深、心炽如烈火的陶渊明。但无论是哪一种陶渊明，他都有一种以一贯之的内在精神和志趣：任情真率，自然淳朴，毫无矫饰伪装，至诚至性。

另外一篇名赋是《感士不遇赋》，它是仿董仲舒《士不遇赋》和司马迁《悲士不遇赋》而作，内容是抒发门阀制度下有志难骋的满腔愤懑。在文章的开头作者就表达了自己的思想感情：人生百年，转眼即逝，建立功业十分艰难，却得不到应得的赐爵封地。这就是古人慷慨挥笔，一再

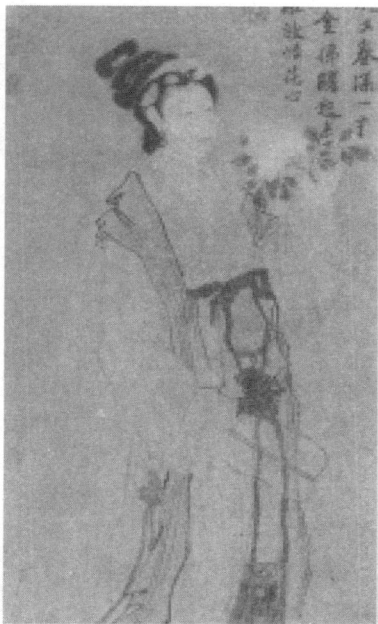

陶渊明对女子的至诚之心表现了他为人真率任情的一面

陶渊明的宏伟抱负，在当时黑暗的社会根本无法施展

抒发而难尽其情的缘故吧。能够抒发性情意志的，大概只有文章吧？抚着古人的书卷反复思考，于是深有感触而写下这篇文章。陶渊明年轻时"大济苍生"的宏伟抱负，在当时黑暗的社会根本无法施展。从晋孝武帝太元十八年至晋安帝义熙元年，这十三年中，在官场的陶渊明的正直耿介的性格，与官场的腐朽风气格格

陶渊明与田园诗

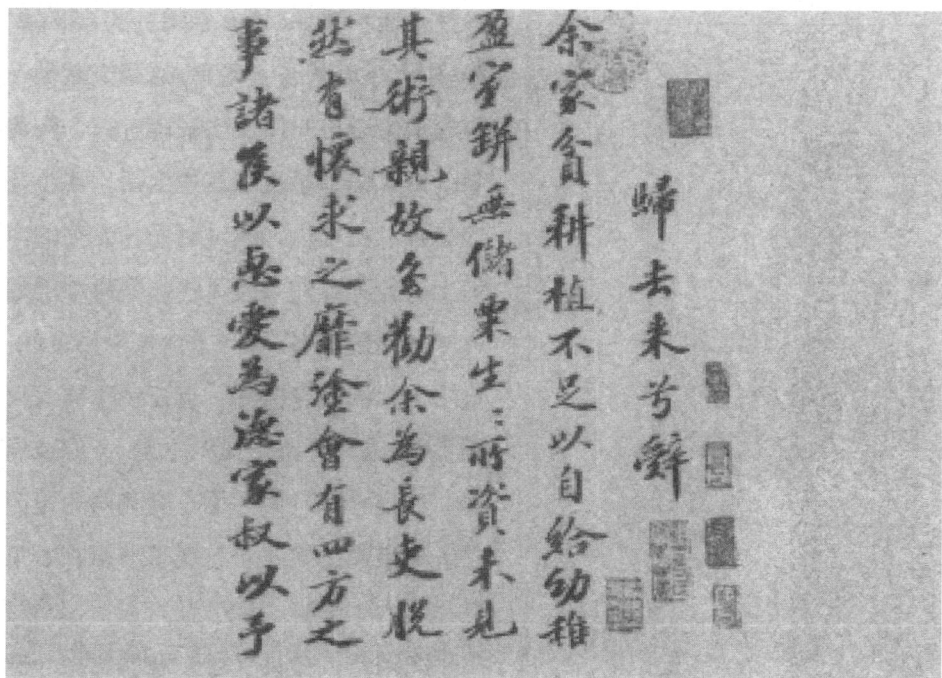

余家贫，耕植不足以自给。幼稚盈室，缾无储粟，生生所资，未见其术。亲故多劝余为长吏，脱然有怀，求之靡途。会有四方之事，诸侯以惠爱为德，家叔以余

《归去来兮辞》

不入，几次都是辞官而去。最后一次从彭泽令任上辞职，结束了他的仕途生活。从这时起，他的精神得到极大的解脱，真正走上了躬耕的道路。这篇《感士不遇赋》就深刻说明了作者的雄心抱负无法施展的苦闷心境。

《归去来兮辞并序》是陶渊明辞官归隐之际与上流社会公开决裂的政治宣言。文章以绝大篇幅写了他脱离官场的无限喜悦，想象归隐田园后的无限乐趣，表现了作者对大自然和隐居生活的向往和热爱。文章将叙事、议论、抒情巧妙地融为一体，创造出生动自

陶渊明作品

然、引人入胜的艺术境界。语言自然朴实，洗尽铅华，带有浓厚的乡土气息。这篇文章是一篇脱离仕途回归田园的豪迈宣言，陶渊明以诗人明心慧眼来透视生活，用生花妙笔来点化景物，通过对无拘无束的乡间生活的再现和云淡风轻、明净如洗的自然景物的描写，展示了诗人崇尚自然、追求自由的浪漫情怀，也反映出诗人厌恶官场、远离世俗的孤傲之态。人们谈论《归去来兮辞》习惯于称道陶渊明的田园之乐和隐逸之欢，而忽视了潜藏在字里行间的人生悲凉。其实，在诗人抒写欢快喜乐的同时，总是有意无意地使用一些容易引发人们联想到他的酸心隐痛的词句，揣摩、品味这些词句的深层内涵，《归去来兮辞》在某种意义上说也是一篇吐露隐痛，舒展苦闷的心灵悲歌。

（四）韵文

韵文有《扇上画赞》、《读史述》九章、《祭程氏妹文》《祭从弟敬远文》《自祭文》等。散文有《桃花源记》《晋故征西大将军长史孟府君传》《五柳先生传》《与子俨等疏》等。其中最著名的当属是《桃花源记》。

《桃花源记》是诗人陶渊明创作的一篇脍炙人口的散文。它虚构了一个与黑暗的现

明朝画家仇英因《桃花源记》有感而作《桃源仙境图》

陶渊明与田园诗

《桃源问津图》描绘了一个
美好的世外仙界

实社会相对立的美好境界，寄托了作者的政治理想，反映了广大人民的意愿。《桃花源记》的故事和其他仙境故事有相似之处，描写了一个美好的世外仙界。不过应当强调的是，陶渊明所提供的理想模式有其特殊之处：在那里生活着的其实是普普通通的人，一群避难的人，而不是神仙，只是比世人多保留了天性的真淳而已；他们的和平、宁静、幸福，都是通过自己的劳动取得的。古代的许多仙话，描绘的是长生和财宝，桃花源里既没有长生也没有财宝，只有一片农耕的景象。陶渊明归隐之初想到的还只是个人的进退清浊，写《桃花源记》时已

陶渊明作品

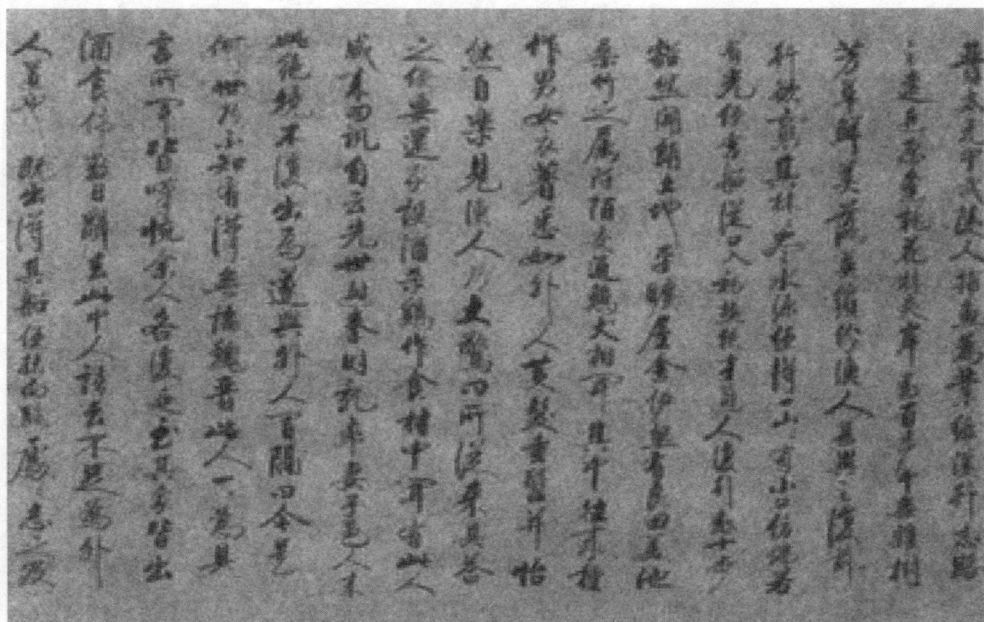

张延清所书《桃花源记》

经不限于个人，而想到整个社会的出路和广大人民的幸福。陶渊明迈出这一步与多年的躬耕和贫困的生活体验有关。虽然桃花源只是空想，但能提出这个空想也是十分可贵的。

总的来说，陶文的数量和成就都不及陶诗。但是无论是他的文章还是诗歌，感情都是那么真挚，运笔却是如此朴素自然。但是有时流露出逃避现实、乐天知命的消极的老庄思想，这或许是陶渊明所处的时代造就的。但是不管怎么说，这些都不能埋没陶渊明在中国文学史上的伟大地位。

三、陶渊明在文学史上的地位

陶渊明在中国文学史上有极其重要的地位。仔细地研读过陶诗和了解诗人生平的人，都会知道陶渊明是个外表恬淡静穆，而内心热情济世的无神论者。他从少年时的"猛志逸四海"，到老年时的"猛志固常在"，在晚年常与庐山中的释道交往，这是可以想象得到的事，但要说他们之间在思想上志同道合，恐怕却未必尽然，这些都表明陶渊明始终无法淡忘世事。归田后的他又受到老庄哲学的影响，因为他有过以往文人多不曾有过的田园生活，并且亲自参加了劳动，与劳动人民有了接触，思想上不可避免地得到一些新的感受和启发，因而在崇尚骈俪陈旧文风的晋代，能创造田园诗的新形式，在

此图展示了陶渊明追求的恬静自由的自然生活场景

陶渊明与田园诗

中国文学史和诗歌发展史上都作出了很大的贡献。

明代画家唐寅所作《东篱赏菊图》显示了陶渊明志趣清高、洁身自好的品质

（一）隐逸诗人之宗

钟嵘在《诗品》中说他是隐逸诗人之宗。他的诗文充满了田园气息，他的名士风范和对生活简朴的热爱，影响了一代又一代的中国文人，乃至整个中国文化都深受其影响。陶渊明在中国几乎是个家喻户晓的名字。在中学都学过他的《桃花源记》，很多人会随口念道："采菊东篱下，悠然见南山"；人们也熟知他"不

陶渊明生性热爱自然，不喜拘束

为五斗米折腰"的故事。然而要进一步说出他的故事，恐怕就有点困难了。一个人之所以成为那样的人，总得有很多因素的影响。若要更进一步了解这位隐逸诗人，知道他的生平、多读他的诗文，是必不可少的。

他是个生性热爱自然，不喜拘束的人。正如他在《归园田居》中写道的："少无适俗韵，性本爱丘山。误落尘网中，一去三十年。"让这样的人去做官，每天逢场作戏、官场酬酢，一定是难受得很。当他真正抛弃了所谓的功名利禄之后，一个无限舒展的世界向他敞开了。从他的诗里，我们就可以看出来，他的精神世界迈向了另一个层次："种豆南山下，草盛豆苗稀。晨兴理荒秽，带月荷锄归。"随口念来，让人心怀向往。

东晋是乱世之末，又是佛教风行、崇尚名士风度的时代，只有这样的时代才会造就出陶渊明这样超越世俗的田园诗人。唐以来的许多大诗人，像李白、杜甫、白居易、苏轼、陆游，都非常推崇陶渊明，在艺术创作和人生态度上也深受其影响。陶渊明的诗文代表了"人的觉醒"，也就是说，人不光要有物质生活，精神生活也非常重要。当我们再次念到他的田园诗的时候，便感到了一种来自灵魂深处的自由与舒展。

在《始作镇军参军经由阿》这首诗中，作者表达了自己对社会现实的不满，表达出要归隐的思想。然后紧接着就辞职隐居，于义熙元年转入刘敬宣部任建威参军。同年三月，他随着刘敬宣离职也去职了。同年秋，叔父陶逵介绍他任彭泽县令，到任八十一天，因为"不为五斗米折腰向乡里小儿"，所以授印辞去其官职。陶渊明仕宦生活的十三年，是他为实现"大济苍生"的理想抱负而不断尝试、不断失望、终至绝望的十三年。最后赋《归去来兮辞》，表明与上层统治阶级决裂，不与世俗同流合污的决心。

《归去来辞图》（局部）

陶渊明在文学史上的地位

然而陶渊明乃晋代大将陶侃之后，世家子弟怎会遁隐山林，甘做农人？归根结底是当时的社会不允许他继续宦海沉浮。归隐之后的他仍心系社稷，渴望建功立业，他也有"猛志逸四海"的雄心壮志，追求大济于苍生的政治理想。陶渊明按照孔子"进德修业，将以及时"的教诲，愿辅佐明君干一番大事，但黑暗的社会现实和阴森的门阀制度彻底粉碎了他的凌云壮志。当时的东晋官场已经极端黑暗腐败，蝇营狗苟，互相倾轧，到处潜伏着杀机，他感到身在仕途不但不能实现人生价值，反而要被迫随俗浮沉，卷入野心家们政治斗争的旋涡，这对于他这个洁身自好的人来说，又是何等的痛苦！以他的

《归去来辞图》（局部）

陶渊明与田园诗

读陶渊明的诗作，会感到清新的田园气息扑面而来

身份地位，他又有何能力挽救政局。记得欧阳修形容五代社会是个天地闭囿、贤人隐居的时代，陶渊明所处的时代又何尝不是如此。"缙绅之士安其禄而立朝，充然无复廉耻之色者皆是也"，这句话足以说明当时社会的黑暗。陶渊明不齿于身在其位而不谋其职，于是他选择了离开。陶渊明的归隐实在是家世不幸导致的。他身逢乱世，怀才不遇，但混乱的社会秩序却让他的诗歌充满了现实的光芒，在扑面而来的清新的田园气氛中可以深深感受到诗人那颗依然胸怀天下的心。这就是陶渊明的高明之处，他的诗歌因他的高明而传唱千年。

陶渊明在文学史上的地位

初归田园的生活清苦但不乏快乐

初归田园的陶渊明，在南山种豆，在园中栽蔬，在山间濯足，非常惬意！月亮上时荷锄回家，和邻居共饮，荆薪高燃，非常快乐！非常自由！这就是田园生活，他朝朝暮暮盼着的日子，清苦但不乏快乐，陶渊明很满足地享受着生活。但陶渊明是一个才华横溢、满腹经纶的文人，蓬勃的才气在他体内不安地蹿动着。隐没于田园又如何对得起他耀眼如星辰的才气？走归隐的路，能否实现他的人生价值？又或者说，归隐山林是不是会将他的棱角磨平，让他与山林同化，最终托体同山阿？现在已无据可查他经历了多少次的思想斗争，现在看来

陶渊明与田园诗

只有感谢他当时的选择，感谢他的明智，中国文坛上才得以流传下瑰宝般的陶渊明田园诗。他选择了一条与世俗眼光相悖的成材道路——于苍穹下寻得一方净土，安静但不颓废地守着自己的乐园。他创造了一个桃花源，在这个桃花源中，他一边辛勤地耕耘着田地，同时又在自己的精神天地里不断收获着。田园生活清新自然，不用虚与委蛇，不用阿谀奉承。他反复比较着归隐与出仕两条道路，终于下了决心：归隐山林。可从《归去来兮辞》中明显看出他的志向：他自述归园田居后的生活，强调从事文学创作的志向与追求，写出了坚持从事文学创作的人生道路将会遇到

陶渊明创造了一个自己的桃花源，并乐在其中

陶渊明在文学史上的地位

回归.田园后，陶渊明志在倾
心创作

的困难和克服困难的思想准备，他借托儿女情长
而强调守志之理念，写出了保证从文理想的实现
所遵循之原则，在当时的那个"万般皆下品，惟
有读书高"的年代里，读书然后做官似乎是士子
的唯一出路，陶渊明辞官归隐，他的思想不可谓
不先进，他的决心不可谓不毅然！

陶渊明与田园诗

然而是人总免不了有牵挂。陶渊明离开官场后，心情复杂。以其42岁所写的《归园田居五首》为例。他离开官场有"久在樊笼里，复得返自然"的欢快，又有"徘徊丘垄间"，所见田园上"桑竹残朽株"，百姓"死没无复余"的悲恸；既有"晨兴理荒秽，带月荷锄归"对力耕执著追求的欣喜，又有"崎岖历榛曲"的怅恨。由此可见，陶渊明的归隐不同于其他的隐者，不像林逋斩断红尘，过着"梅妻鹤子"与世无争的纯隐士日子，完全不理会外面的世界。陶渊明只是换种方式去关心江山社稷，去关注百姓黎庶的生存状况。虽说"百无一用是书生"，但是他的关注也许不能对当时的社会状况起什么大的帮助作用，但他毕竟努力了，他有着文人的良心，他弱小，但他从没妥协过。恬静的田园诗歌犹如利剑针砭时弊。

这种独特的隐居方式，使他的诗歌具有现实的政治色彩，虽然它比较含蓄，不够强烈，然而却是实实在在的，能让人真真切切感受到的。这也是陶渊明的诗歌能够保持长久魅力的一个原因。例如陶渊明曾写过"朝霞开宿雾，众鸟栖与飞"这么

久在樊笼里，复得返自然

两句诗，乍看之下，无非是写一个宁静的乡村早晨，有静亦有动，美丽而不失活力。但细嚼之下，便觉颇有深意，他实则是在暗喻改朝后群臣趋附的情状。陶渊明洁身自好，不愿随波逐流，也可从其诗歌中窥见一斑。陶渊明的愤懑常常以酒为托付，以菊设喻。酒是他的生活，潇洒不羁；菊是他的性格，淡泊高洁。就《九月闲居》而言，陶渊明四次写菊，寓意三种比况：如菊之自荣、菊之盛姿、菊之作用等。恰是他从文志向和事业成就的比喻。

陶渊明最值得敬佩的是他的魄力，能够不顾世俗的眼光，毅然隐居。他出身世家，可谓名门之后，并且，他隐居时已过中年，已有子嗣，这

陶渊明诗作中多次以菊设喻

陶渊明与田园诗

田园生活为诗人带来许多创作灵感

一隐居不仅断送了自己的仕途，而且关乎着后代的前途。天下父母心，他的思想究竟经历了多少的煎熬，才痛下决心的？他又背负着多少骂名，妻子儿女又是否理解？从家境尚可的官宦人家到清苦的农家，陶渊明又是靠什么坚定着自己的决心？对于文人而言，田园的宁静美丽是创作的良好题材，像后来的王右丞，也有不少出类拔萃的田园诗歌。空山新雨，大漠孤烟，都是他在自然中得出的精品。然而陶渊明却是不安于田园的。可见，从文人的角度而言，田园只适于观赏，不适于居住。因为生活总离不了衣食住行，无外乎柴米油盐。文人的肩膀只能扛起诗歌的重量，却

陶渊明在文学史上的地位

《桃源问津图》局部

不足以肩负起生活的重量。陶渊明算是一个异类。他躬耕自资，苦中作乐。生活虽清苦，但他却养活着一大家子。原本执笔的手被磨出了茧了，但仍不妨碍一首首的经典之作诞生于他的 生花妙笔之下。陶渊明作为中国文学史上的隐逸诗人第一人，为后来历代仕途不顺的诗人做出了退隐修身的榜样。作者就这样在田园生活中一边挥洒着自己的汗水，一边放飞着自己的才气。我们可以看出他对田园生活的欣喜，我们可以窥见他的田园生活的闲适，这些既是他摆脱官场的毅然决然，也是他对未来的憧憬与希望。所以给他冠之以隐逸诗人之宗，一点也不过分。

（二）对士族社会的反抗

晋朝是一个等级分明的社会。中国从来都有等级制，但自从秦始皇之后，还从没有任何一个时代像魏晋南北朝那样，等级制如此僵硬，如此鲜明。说起来，晋朝的等级制划分很明确：士族和庶族。两者之间有难以逾越的鸿沟。在政治上、经济上、社会地位上，士族都占据了绝对主导地位。东晋尤其是士族鼎盛的时代，士族牢牢把持了对国家的统治，这是中国历史上寡头制色彩最重的一个王朝。

东晋是士族鼎盛的时代

　　士族把各种"优美差使"都变成了自己这个寡头阶层独享的禁脔。朝廷的高官显职，被他们尽数扫入囊中。他们形成了一种世袭制度，子子孙孙地占据显要。严格的世袭制是儿子接替父亲的职位，一些古代帝国的封疆大吏就是这么干的。晋代的士族则不用退休儿子就可以有编制，职位固然不能世袭，但儿孙却可以顺利进入高层这个小圈子。在晋代，一代代的人衰老死去，高层的官员始终出身于这个世代相传的小圈子。

　　西晋以来就已存在的士族，到了东晋就更进一步形成了特殊的阶级。其中大部分是从北

西晋士族像

方移去的大姓，少数是原有江南的土著人口。总之东晋朝廷是要靠他们实力的支持，他们因此也就垄断着当时的政权。他们把家谱看得非常重要，与出身寒门的人之间会有鸿沟。"士"这一个阶层与"大夫"不同，是指中下层的知识分子，但是南朝社会里所谓的"士族"却是专指"士大夫"阶层而言的，至于一般"寒士"乃是被冷眼压抑着，因此东晋文坛也就落在以门阀为基础的"士大夫"们手里、这些半贵族的文学，后来演变成了梁、陈的宫体，正是自然的趋势。

作为身处晋末乱世的隐士，陶渊明的出现，

正是以他的行动和骄傲来反抗这个"士族"社会的。陶渊明的特点首先在于他的真实朴素，他既没有任何夸张，也没有什么隐瞒，一切如实说来，可是难处不在于此，真正的难处在于如此简单的"如实说来"却能具有最丰富的艺术形象。陶渊明的思想里潜伏着一股深深的不平，这与比他稍晚的鲍照及后来的李白都有相似之处。陶渊明一生的言行，就是对于统治阶级的蔑视与抗议。他的言行为人们所景仰，也就降低了当时世族豪门不可一世的威势。这都是最具有斗争意义的。他对当时豪门所把持的门第社会，有力地冲破了一个缺口。陶渊明远离当时士大夫的门第，接近劳动的农民，无论

士族书法

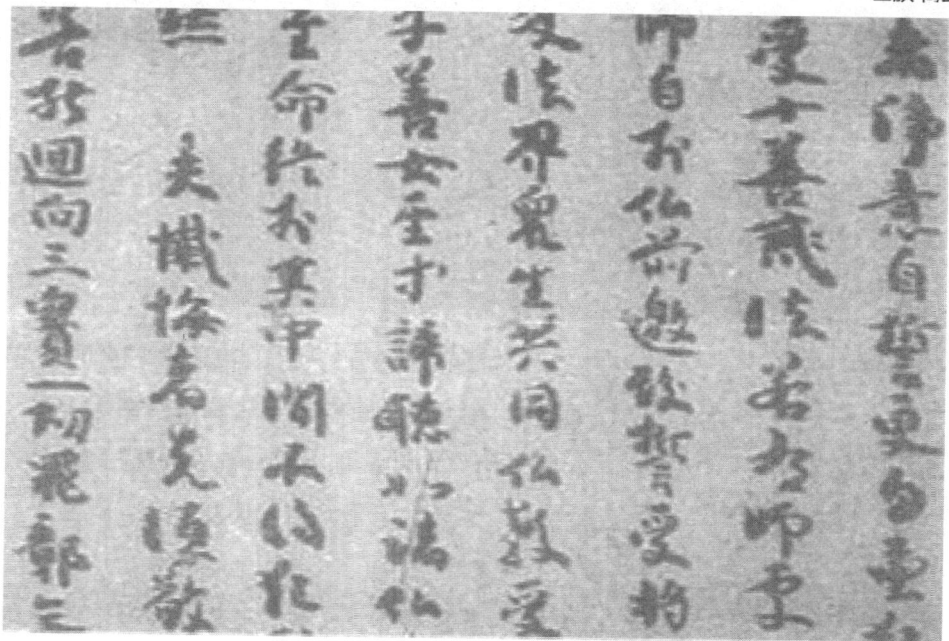

李白像

李白

唐朝著名大诗人

李白（七〇一——七六二）字太白號青莲

居士。四川江油縣人國翰林供奉他一生熱愛祖國

民不阿權貴蔑視名山大川遊遍江南足跡遍

數多热爱祖国字山蕉詩友上及將酒近

相父苍所好詩博夢圆爾龙翅吟实脉

恣深時後逗留後斗文百稻墨言先煙

峽嶺附堂的屏留致日齊萬千古永五言

千古絕唱政宣陵山玛二修彩典起

李太白文集

在思想内容还是文艺形式上，都走着与当时贵族化的文坛相反的道路。他反对剥削，歌颂劳动，并身体力行；他发挥了五言古诗优秀的传统，高度发展了民歌传统上白描的手法；在数量上及诗歌的接触面上都远远超过前代及当代的诗人；他

的成就因此成为中国诗史上一个宝贵的收获。正像无数优秀的作家们，都代表一个寒士阶层与统治阶级的对抗，但在这些寒士中，只有陶渊明是真正走向农民的。这就使得陶诗在一切诗篇中，都显得那么素朴淳厚，单纯而又明朗。他的风格是最富有个性的，也是最典型的。在中国文学史上，自屈原以后，又有少数诗人能以自己的品格构成典型的形象，陶渊明正是这样的，他因此也成为中国最优秀、最伟大的诗人之一。

（三）后世文人对其作品的评价与继承

陶渊明的出现，使得沉寂了将近百年的诗坛，重又获得生命的力量。他不仅总结了魏晋古诗，而且也启发了宋以后的新体。他的健康、鲜明的诗句，对平凡的日常生活的歌唱，就是此后诗坛所要走的道路。

陶渊明去世后，他的至交好友颜延之为他写下《陶征士诔》,给了他一个"靖节"的谥号。颜延之在诔文中褒扬了陶渊明一生的品格和气节，但对他的文学成就，却没有充分肯定。陶渊明在我国文学史上的

《陶渊明故事图》

陶渊明在文学史上的地位

地位，在他死后几十年里，始终没有得到充分的肯定。

梁朝的昭明太子萧统，对陶渊明的诗文相当重视，爱不释手。萧统亲自为陶渊明编集、作序、作传。《陶渊明集》是中国文学史上第一部文人专集，意义十分重大。萧统在《陶渊明集序》中，称赞陶渊明的文章不群不类，与众不同，辞采精巧明丽，跌宕起伏，只有他的作品超越其他各类，而且作品感情抑扬顿挫而又爽朗。

南朝时期，陶渊明的文学地位虽得不到应有的肯定，但他的诗文作品流传越来越广，影响越来越大。

《陶渊明集》

陶渊明与田园诗

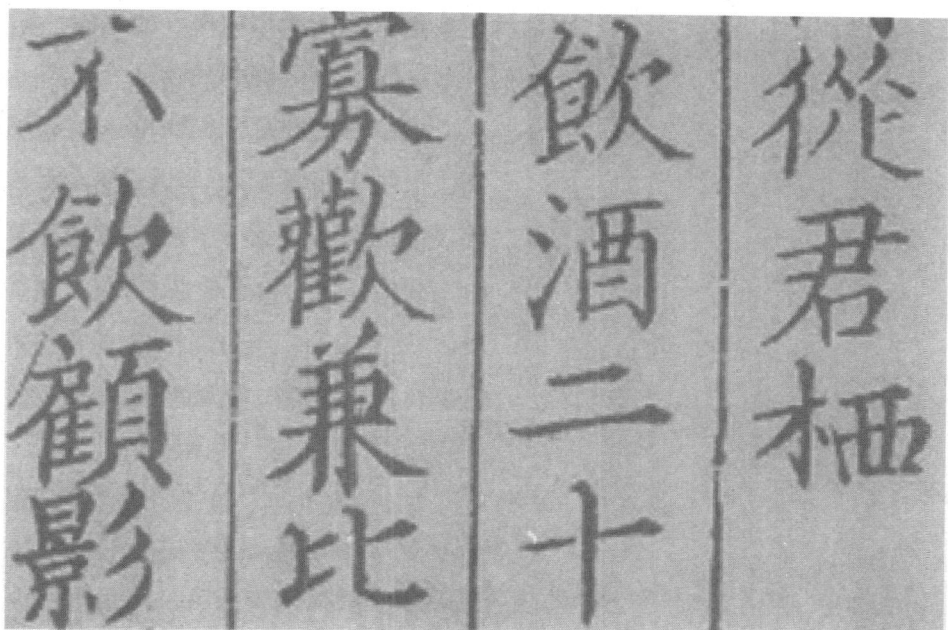

　　到了隋唐时期，有越来越多的诗人喜欢陶渊明的诗文，对陶渊明的评价越来越高。初唐王绩是一位田园诗人，他像陶渊明一样，多次退隐田园，以琴酒自娱。唐朝的山水田园诗人孟浩然，对陶渊明十分崇拜，他在《仲夏归汉南寄京邑旧游》中写道："赏读《高士传》，最佳陶征君，目耽曰园趣，自谓羲皇人。"可见孟浩然对陶渊明的钦佩。

　　李白更是仰慕陶渊明的人品和诗作。在《戏赠郑溧阳》中写道："陶令日日醉，不知五柳春。素琴本无弦，漉酒用葛巾。清风北窗下，自谓羲皇人。何时到栗里，一见平生亲。"李

陶渊明在文学史上的地位

白那种"安能摧眉折腰事权贵"的思想，和陶渊明"不为五斗米折腰"的精神，是一脉相承的。

安史之乱之后，杜甫过着颠沛流离的生活，他把陶渊明引为知己，在《奉寄河南韦尹丈人》中写道："宽心应是酒，谴兴莫过诗。此意陶潜解，吾生后汝期。"

中唐诗人白居易，非常敬仰陶渊明的为人。公元815年白居易被贬为江州司马，离陶渊明的家乡浔阳很近。他曾去寻访陶渊明的故居，写下了《访陶公旧宅》这首诗。诗中先用"尘垢不污玉，灵凤不啄腥"，颂扬陶渊明高尚的人格，最后写道："柴桑古村落，栗里旧山川。不篱下菊，空余墟里烟。子孙虽无闻，族氏犹未迁。每逢陶姓人，使我心依然。"在《效陶潜体十六首》中写道："先生去我久，纸墨有遗文。篇篇劝我饮，此外无所云。我从老大来，窃慕其为人。其他不可及，且效醉昏昏。"

中国古代的文人，有嗜酒的共性，这与陶渊明的影响是分不开的。白居易的这首诗就说得很明白："其他不可及，且效醉昏昏。"

到了北宋，陶渊明在中国文学史上的地位，得到了进一步的巩固和确定。欧阳修盛

白居易像

陶渊明与田园诗

赞《归去来兮辞》说："晋无文章，唯陶渊明《归去来兮辞》尔。"欧阳修还说："吾爱陶渊明，爱酒又爱闲。"北宋王安石曾说过："陶渊明的诗'结庐在人境，而无车马喧。问君何能尔，心远地自偏'，有诗人以来无此句者。然则渊明趋向不群，词彩精拔，晋宋之间，一个而矣。"可见众位诗人对其评价之高。

苏东坡在《与苏辙书》中把陶诗放在李白、杜甫之上，虽有失公允，但他用"质而实绮，癯而实腴"八个字，概括陶诗的

陶渊明在文学史上的地位

苏东坡仰慕陶渊明

艺术风格，还是很准确的。苏东坡一生把陶渊明当成良师益友，不但爱好其诗，更仰慕他的为人。晚年在《与苏辙书》中说："深愧渊明，欲以晚节师范其万一。"

"居高声自远"，由于欧阳修、王安石、苏东坡在北宋文坛上至高无上的地位，他们极力推崇陶渊明，这进一步确定陶渊明在中国文学史上的地位，无疑起到至关重要的作用。

南宋爱国诗人辛弃疾，在报国无门，壮志难酬的苦闷中，把陶渊明引为知己。在《水龙吟》词中说："须信此翁未死，到如今，凛然生气。"辛弃疾留下的词作626首，其中吟咏、提及、明引、暗引陶诗陶文的有60首，几乎每10首词中就有一首与陶渊明有关。辛弃疾在《念奴娇》中称："须信采菊东篱，高情千载，只有陶彭泽。"给予了陶渊明千古一人的最高评价。

元朝、明朝和清朝，直至现代，沿袭了两宋对陶渊明的高度评价。

陶渊明的不朽诗篇，陶渊明的伟大人品，影响了李白、杜甫、白居易、苏东坡、辛弃疾等几代文人的思想和创作。为中国文学的发展和繁荣，作出了不可估量的贡献。

陶渊明的诗文，重在抒情和言志。他

辛弃疾的许多诗作都与陶渊明有关

陶渊明在文学史上的地位

的语言，看似质朴，实则奇丽。在平淡醇美的诗句中，蕴含着炽热的感情和浓郁的生活气息。陶渊明的《归园田居五首》，是田园诗的精品甚至极品。苏东坡曾这样评价陶渊明："欲仕则仕，不以求之为嫌；欲隐则隐，不以去之为高。饥则叩门而乞食；饱则鸡黍以迎客。古今贤之，贵其真也。"人贵真，诗亦贵真，诗真乃由人真而来，这就是陶诗具有经久不衰魅力的主要原因。

鲁迅先生的说陶潜正因为并非"浑身是'静穆'，所以他伟大"。

梁启超评价陶渊明时曾经说，"自然界是他爱恋的伴侣,常常对着他笑"。确如其言,

《归园田居五首》是陶渊明田园诗作的精品

陶渊明与田园诗

梁启超对陶渊明评价很高

陶在自然与哲理之间打开了一条通道，在生活的困苦与自然的旨趣之间达到了一种和解。连最平凡的农村生活景象在他的笔下也显示出了一种无穷的意味深长的美。

当然，陶渊明毕竟是一个生活在一千多年前封建社会的士大夫，在他的思想和诗文中不可能不存在许多安贫乐道、及时行乐、避世消极的东西。但后世历代的文学评论家和诗家出于自己的阶级偏爱，多着重欣赏和赞扬他这方面的特点，认为这才是陶诗的精华所在。

陶渊明在文学史上的地位

四、陶渊明与田园诗

中国古代很早就有关于田园生活的诗歌

（一）田园诗的产生

田园诗是古希腊学者忒俄克里托斯首创的。他传下的诗有二十九首，这些诗描写西西里美好的农村生活和自然风景，清新可爱。古希腊的田园诗对后世欧洲带有贵族倾向的诗歌有很大的影响。后来就把歌咏田园生活、农村景物和农民，牧人，渔父等的劳动为题材的诗歌称为田园诗。

在中国，很早就有田园描写的诗歌。如：我国第一部诗歌总集《诗经》中关于田园风光的描写，还有《楚辞》中对山水也有所描绘。但是这些并不是真正的田园诗，它们只是作为抒情主人公活动的背景或比兴的媒介，不过这些对于田园山水风景描写的诗词，为田园诗的发展开创了先河，为其发展奠定了基础。现在的人们把以反映田园生活、描绘田园山水风光为主要内容的诗称为田园诗。田园诗虽然与山水诗并称，但是它们并不是两类相同的题材。田园诗是描绘田园风物的诗歌，重点写农村的风光，但其主要是描写农村生活、农夫和农耕。中国田园诗起源于东晋陶潜，至盛唐时期王维、孟浩然诸人发扬光大。唐代田园诗描绘了农村的美丽风光和淳朴人情，流露出对农村生活的热爱。这是知识分子对农村的赞赏，有羡慕清静和闲适的情趣。而山水诗则是描写自然风光为主，是在表现山水之

田园风光

陶渊明与田园诗

美，抒发观赏山水时的心境、感受的诗歌。山水诗标志着人与自然的进一步沟通与和谐，标志着一种新的自然审美观念和审美情趣的产生。诗人对山水的审美往往与旅行联系在一起。《诗经》《楚辞》中都有描写山水的成分，尤其是《楚辞》中的某些篇章，不仅较细致地写出了山水形貌，且颇具意境。但是这些也是如田园诗在《诗经》《楚辞》中的地位一样——并非为表现山水之美而作，只是作为背景和比兴的媒介。

（二）陶渊明与田园诗

东晋大诗人陶渊明是中国诗歌史上田园诗歌的开山鼻祖。陶渊明的田园诗数量最多，成

田园风光

陶渊明与田园诗

陶渊明是中国田园诗的鼻祖

就最高。这类诗充分表现了诗人鄙夷功名利禄的高远志趣和守志不阿的高尚节操；充分表现了诗人对黑暗官场的极端憎恶和彻底决裂；充分表现了诗人对淳朴的田园生活的热爱，对劳动的认识和对劳动人民的友好感情；充分表现了诗人对理想世界的追求和向往。作为一个文人士大夫，这样的思想感情，在文学史上，这样的内容是前所未有的，尤其是在门阀制度和观念森严的社会里显得特别可贵。

陶渊明躬耕自资，在现实的劳作过程中提炼出生活的美丽。身体力行使陶渊明的田园诗真实而动人。陶渊明的田园诗，读来初觉平淡，再咏则有"平中蕴奇、枯木茂秀"之感，诗人对于语言文字的提炼和运用达到了很高的造诣，他把自己对自然和田园生活的热爱之情融入到诗作之中，使人读之仿佛身临其境，在自然恬静的田园中漫步一样，给人以无穷的遐想。正所谓看似寻常但是成稿却是最为奇崛，貌似容易却充满艰辛。

陶渊明的田园诗大多是悠然自得、怡然自乐的乡村生活的写照，透过文字我们看到"面山结庐、抱膝吟歌、采菊观日、笑傲风月"的隐者形象。静谧的山林与倦飞的鸟儿与诗人问

乡村田园风光

陶渊明与田园诗

答，这时作者的心境不是用语言所能描述的。诗人不愿与世俗同流，对自然和田园生活的向往也可表现一斑。同时也可以看出诗人对于事物的表现手法和意境的延伸是非同寻常的，寥寥数语就将对生活的态度、对自然的热爱、对事物的描写、对世事的鄙视，表现得一览无余。这也是陶公诗作一种特有的风格。

陶渊明的田园诗中也有一些是反映自己晚年困顿状况的，可使我们间接地了解到当时农民阶级的悲惨生活。陶渊明的《桃花源诗并记》大约作于南朝宋初年。它描绘了

静谧的山林和湖水

陶渊明与田园诗

一个乌托邦式的理想社会。表现了诗人对现存社会制度彻底否定与对理想世界的无限追慕之情。它标志着陶渊明的思想达到了一个崭新的高度。陶渊明是田园诗的开创者。它以淳朴自然的语言、高远拔俗的意境，为中国诗坛开辟了新天地，并直接影响到唐代田园诗派。在他的田园诗中，随处可见的是他对污浊现实的厌烦和对恬静的田园生活的热爱。在《归园田居》中，他将官场写成"尘网"，将身处其中比喻为"羁鸟"和"池鱼"，将退隐田园更是比喻为冲出"樊笼"，返回"自然"。因为有实际劳动经验，所以他的诗中洋溢着劳动者的喜悦，表现出只有劳动者才能感受到的思想感情，如

乡村暮色

陶渊明与田园诗

《归园田居》第三首就是有力的证明，这也正是他的田园诗的进步之处。

陶渊明开创田园诗，给后代田园诗开拓了极高的精神境界，然而后人往往达不到陶渊明的思想高度。虽然后来也出现过田园诗的大家，如王维、林逋，但王维之田园诗，美则美矣却略嫌单薄；而林逋其人，完全是一个超脱世外的隐者，读其诗歌只羡慕他有着纯净的生活。而陶渊明的诗歌却截然不同，他的诗里有血有肉，有苦有甜。因此当真可谓"前无古人，后无来者"。陶诗中的理想田园，在唐代便逐渐变质。虽然在宋代又使田园诗有了一丝泥土的气息，可诗人们终究难以回归真正的田园。

静谧的乡村生活

陶渊明开创了田园诗体后，唐宋等诗歌中的田园诗，便主要变成了隐居不仕的文人和从官场退居田园的仕宦者们所作的，以田园生活为描写对象的诗歌。自古以来，人们只把陶渊明描写农村景色和田园生活为主的作品作为典范，一般认为应把反映田家农事，农村生活，农民形象的田家诗、农村诗，都纳入田园诗范畴。陶渊明开创了田园诗一体，把古典诗歌发展

到了一个新的境界，至唐朝已形成了以王维、孟浩然为代表的山水田园诗派，王维善于表现自然中静态事物的动态之美，如"明月松间照，清泉石上流"（《山居秋暝》），就可以看出陶诗的影子。南北朝诗人谢灵运一句"池塘生春草，园柳变鸣禽"就是他刻意模仿陶诗的杰作，后代许多大诗人如白居易、苏轼等，无不受到陶渊明诗风的影响。

　　千百年来，陶渊明的田园诗备受欢迎。因为在其田园诗中，诗人以我手写我心，把自己的喜怒、爱憎、理想、希望不加掩饰地表露出来，真可谓"情真、景真、事真、意真"。前人在讨论陶渊明田园诗的时候常冠以"质朴自

山居秋暝

陶渊明与田园诗

然"之语,朱熹也评说他的诗"平淡出于自然"。我们发现,诗人常常融主观感情于常见景物之中,将兴寄与自然美融为一体,构成了其作品乍看好像散缓,但是熟视之后就发现其奇趣丰富的意境。

从内容上看,陶田园诗所取材的多是普通、平常的农村景物和农村生活,诸如草堂、宅院、树木、花果、村舍、炊烟、鸡犬以及桑麻之类,这些农村景象信手拈来,与自己的生活、志趣融合起来,无不充满奇趣盎然的诗意。陈师道就评价说渊明不写诗,只是写其胸中的妙想而已。的确,陶渊明从不为作诗而作诗,而是写其胸中之意趣。"暧暧远

乡村炊烟袅袅

陶渊明与田园诗

陶渊明心中有自然之田园

人村，依依墟里烟""采菊东篱下，悠然见南山""相见无杂言，但道桑麻长"等等，这些充满生活情趣的诗句确使人感到好像从胸中自然流出，毫无矫揉造作之感。

陶渊明能作自然之诗，因为他心中有自然之田园。因此，陶渊明的田园乃是自然本色的真田园。然而陶渊明在田园生活中的思想感情是极其复杂的，这导致他的田园诗的内容也丰富多彩。在《读史述屈贾》中表露，陶渊明也是希望能做稷契一类的人物的。但是当他壮志不得伸展而转托田园之后，虽然努力使自己满足于田园生活的乐趣，有时甚至企图以醉酒忘

陶渊明与田园诗

世，或者用道家顺应自然的态度对待人生，但这些都不能完全消除他壮志未遂的苦闷。从《杂诗》第二首中我们可以看到诗人在光阴虚掷中极度矛盾不安的心境。诗人也一直没有丢掉疾恶与除暴之心。在《读山海经》第十一首中，诗人大呼"明明天上鉴，为恶不可履"，用《山海经》中所记载的神话传说指出"肆威暴"的人，必然会有悲惨的结局。在《咏荆轲》一诗中，诗人热情地歌颂不惜牺牲生命而勇于除暴的壮士荆轲说："其人虽已没，千载有余情。"《读山海经》第十首还歌颂了精卫和刑天虽死不屈的精神，这些都表现出作者内心的伟大抱负。

从不同的诗作中可以窥见作者的不同心境

陶渊明与田园诗

江南水乡

这些无疑都是诗人不屈的意志的表现。"猛志故常在",说明诗人心中永远燃烧着一股不熄的火。上述这"金刚怒目式"的一面是诗人性格和创作不可分割的一个重要部分。除此以外,从《拟古》的"少时且厉,抚剑独行游。谁言行游近?张掖至幽州",和他听见关中收复以后在《赠羊长史》诗中写的"九域甫已一,逝将理舟舆"等诗句,我们还可以看到他关怀中原收复的爱国热情。

陶渊明还有一些田园诗描写了田园生活的贫困。《示庞主簿邓治中》说:"夏日长抱饥,寒夜

无被眠;造夕思鸡鸣,及晨愿乌迁。"《有会而作》说:"弱年逢家乏,老至更长饥;菽麦实所羡,孰敢慕甘肥!"这些诗虽然只是描述他自己晚年每逢天灾屡受饥寒的境遇,但是我们也可以从中想见当时农民们更加悲惨的生活情景。

总之,陶渊明开创了田园诗一体,为古典诗歌开辟了一个新境界。

(三)陶渊明田园诗名篇赏读

陶渊明的诗,最突出的特点便是平淡自然与深厚醇美的统一。他的田园诗写的是平淡的田园风光和日常的农村生活,反映的是归隐后恬淡的心境与情趣。在表现方法上，这些诗歌多用白描手法，语言朴素自然，少见华丽，但这并不意味着平淡无味。在田园诗平淡的描写中蕴含着陶渊明对生活的热爱和对自然的热爱，表现出他美好的人格和崇高的理想。同时陶渊明的田园诗还富有意境，所选的景物多具有鲜明的特征，且饱含着诗人的感情，体现了诗人的个性特征。陶诗还善于将深刻的哲理融入诗歌的形象中，使平凡的素材表现出不平凡的意境，这种情、景、理交融形成的意境十分和谐，往往令人神往。下面就列举几首陶渊明具有代表性的田园诗来赏析一下。

悠闲的乡村生活

1、表明心境的《归园田居》

陶渊明与田园诗

少无适俗韵，性本爱丘山。误落尘网中，一去三十年。羁鸟恋旧林，池鱼思故渊。开荒南野际，守拙归田园。方宅十余亩，草屋八九间。榆柳荫后檐，桃李罗堂前。暧暧远人村，依依墟里烟。狗吠深巷中，鸡鸣桑树颠。户庭无尘杂，虚室有余闲。久在樊笼里，复得返自然。

《归园田居》共五首，这是其中的第一首。开头八句写归田的原因，可以说是整组诗的总序，以议论出之，跌宕飞动，而结到"归园田"之上；"方宅"以下十句写田园景象，天然逼真，是一幅生动的村居图；最后两句换笔另收，与起首一段呼应。全诗以质朴真淳的语言写就，而音节铿锵，元气淋漓，得自然之美。

从其诗中我们能看到这样的结构图：摈弃世俗回归本性——田园美景村居之乐——本性复苏心旷神怡。

起首四句，先说个性与既往人生道路的冲突，可以说是他对归隐前13年生活的总结。韵、性，都是指为人品格与精神气质。"适俗韵"即适应世俗的情趣，它无非是逢迎世俗、周旋应酬、钻营取巧的那种情态和本领吧，这是诗人从来就未曾学会的东西。作为一个真诚率直的人，其本性与淳朴的乡村、宁静的自然，似乎有一种内在的共通之处，所以"爱丘山"。前两句表露了作者清高孤傲、与世不合的性格，为全诗定下一个基调，同时又是一个伏笔，它是诗人进入官场却终于辞官归田的根本原因。但是，人生常不得已。作为一个官宦人家的子弟，步入仕途乃是通常的选择；作为一个熟读儒家经书、欲在社会中寻求成功的知识分子，也必须进入社会的权力组织；便是为了供养家小、维持较舒适的日常生活，也需要做官。所以不能不违逆自己的"韵"和"性"，奔波于官场。回头想起来，那是误入歧途，误入了束缚人性而又肮脏无聊的世俗之网。一个"误"字，

幽静的乡村生活

诗人对田园情感深厚

显示了作者对官场生活的厌恶和误入官场的悔恨交加的情绪。"一去三十年"，这一句看来不过是平实的记述，但仔细体味，却有深意。诗人对田园，就像对一位情谊深厚的老朋友似的叹息道："呵，这一别就是三十年了。"内中多少感慨，多少眷恋但，写来仍是隐藏不露。

接下来作者以"羁鸟"和"池鱼"作对比和衬托，说明自己跟"羁鸟"和"池鱼"一般早有摆脱官场束缚、返回田园隐居的强烈愿望，现在终于做到了隐居躬耕，保持了质朴的本性。"拙"，《辞海》解释为："笨拙，与'巧'相对。《老子》：'大巧若拙。'"诗句中的"拙"即朴拙，含有原始本真的意思，与世俗的虚伪机巧相对，强调自己不会适应世俗的潮流，并以此自许。

后来是作者对自己家境状况的描绘：在方圆十几亩的宅基上，有八九间简陋的茅舍，枝高叶密的榆树柳树，树荫遮住了房子的后

诸葛亮年轻时曾躬耕隐居于此

村庄、牛羊、炊烟

檐；桃红李白的果树，排列在屋子的前边。远处的村庄隐约可见，村落里缭绕着一缕缕轻柔的炊烟。深巷里传来了阵阵的狗叫声，树顶上公鸡正在啼鸣。

前四句是近景，虽普普通通、平平常常，但对于挣脱"尘网"的人来说，却是另一个天地：土地，草房；榆柳，桃李；村庄，炊烟；狗吠，鸡鸣……这些平平常常的景物，在诗人笔下，构成了一幅十分恬静幽美、清新喜人的图画。在这画面上，田园风光以其清淡平素的、毫无矫揉造作的天然之美，呈现在我们面前，使人悠然神往。这不是有点儿像世外桃源的光景吗？这些描写初读起来，只觉得自然平淡，其实构思安排，颇有精妙。"方宅十余亩，草屋八九间"，是简笔的勾勒，以此显出主人生活的简朴。虽无雕梁画栋之堂皇宏丽，却有榆树柳树的绿荫笼罩于屋后，桃花李花竞艳于堂前，素淡与绚丽交掩成趣，语句间流露出作者心满意足的欣慰情绪。后四句是远景。"暖暖远人村，依依墟里烟"，给人以平静安详的感觉，好像这世界不受任何力量的干扰。从近景转到远景，犹如电影镜头慢慢拉开，将一座充满农家风味的茅舍融化到深远的背景之中。画面是很淡很淡，味道却很浓很浓，令人胸襟开阔、心旷神怡。而"狗吠深巷中，鸡鸣桑树颠"，则是以动映静、以有声衬无声，更显得乡间的宁静、和平。在这里，不仅流露出诗人对田园风光的由衷喜爱，而且这淳朴、幽静的田园景色与虚伪欺诈、互相倾轧的上层社会形成鲜明的对比。

"户庭无尘杂，虚室有余闲。久在樊笼里，复得返自然。"——因为没有尘俗杂事的缠扰，所以室中空寂，身心也有余暇。现

乡村的清晨，阳光透过枝叶点点洒落

茅屋简陋却怡然自得

在得以归田隐居，好像长期被关在笼中的鸟儿又得以重返大自然一样！

这四句诗与开头首尾呼应，强化了与上层社会彻底决裂的主题。此时诗人"如负重乍释，直觉快乐"，"虚室"简朴空寂居室，同时也指虚空纯净的内心。《庄子·人间世》有"瞻彼阕者，虚室生白"。即指虚空的意思，即淡忘仕途名利之意。诗人为什么对归隐之后的茅屋草木、鸡鸣狗吠津津乐道、如数家珍呢？原来是"久在樊笼里"的缘故。这"樊笼"即开头的"尘网"，是禁锢人的牢笼和罗网，使人有"羁鸟""池鱼"之惑。既然如此，那么一旦冲出罗网，返回大自然的怀抱，当然其乐无穷，触目皆春了，即使一草一木也格外感到亲切而欣慰。在经过"密网裁而鱼骇，宏罗制而鸟惊"的出仕之后，大自然的一切都是使陶渊明神往的。当然，诗中所写的景象，并不一定是经历战乱之后的广大农村的真实情景，这只能联系诗人特定的环境和特定的思想感情去理解。归隐本身含有独善其身消极避世的因素，这一点也不应苛求古人。

诗人把统治阶级的上层社会比喻作"尘网"，把其中之人比喻作"羁鸟""池鱼"，把退隐田园比喻作冲出"樊笼"，重返"自然"，感情色彩十分鲜明，比喻非常形象、准确。

退隐田园重返自然

陶渊明与田园诗

优美的抒情诗，一般都能使描绘的生活图景和表达的思想感情交融在一起，形成一种艺术境界，能使读者通过想象觉得如同身临其境，感受到一种意境美。在这首诗里，我们所接触到的不是互不相关的方宅草屋、榆柳桃李、傍晚的村落、墟里的炊烟、深巷中的狗吠、桑树颠的鸡鸣，而是由这些具体的景物构成的一种宁静安谧、淳朴自然的意境，使人深深体味到作者那淡泊恬静的生活情趣，真正达到了情景交融的至臻完美的艺术境界。

我们再看陶渊明的《归园田居》第三首：种豆南山下，草盛豆苗稀。晨兴理荒秽，

景物并不是最重要的，淡泊恬静的意境才让人陶醉

陶渊明与田园诗

陶诗总是给人一种身临其境的美感

带月荷锄归。道狭草木长，夕露沾我衣。
衣沾不足惜，但使愿无违。

　　这首诗用语十分平淡自然。"种豆南
山下""夕露沾我衣"，朴素如随口而出，
不见丝毫修饰。这自然平淡的诗句融入全
诗醇美的意境之中，则使口语上升为诗句，
使口语的平淡和诗意的醇美和谐地统一起
来，形成陶诗平淡醇美的艺术特色。这两
句写在南山下种豆，草很茂盛，豆苗却稀
稀疏疏的。起句很平实，就像一个农民站
在那里说话，让人觉得很亲切。为了不使
豆田荒芜，诗人一大早就下了地，到了晚

读罢陶诗，恨不能遁世躬耕

上才披着月光回来。虽然很辛苦，但他并不抱怨，这从"带月荷锄归"的美景就可以看出来。路窄草长，夕露沾衣，但衣服打湿了有什么可惜的呢？这句话看似平淡，但这平淡正好映射了结尾这一句"但使愿无违"，使得"愿无违"强调得很充分。从表面上看，这首诗写的是田园劳作之乐，表现的是归隐山林的遁世思想；但把这首诗和其他的诗对比来看，作者的"愿"其实有特殊的内涵。这里的"愿"更蕴含了不要在那污浊的现实世界中失去了自我的意思。

2、抒发情感的《拟古》：

陶渊明与田园诗

仲春遘时雨，始雷发东隅。众蛰各潜骇，草木纵横舒。翩翩新来燕，双双入我庐。先巢故尚在，相将还旧居。自从分别来，门庭日荒芜。我心固匪石，君情定何如。

晋安帝义熙元年，陶渊明弃官归隐，从此开始躬耕自资的生涯。义熙十四年，刘裕杀安帝，立恭帝。元熙二年（公元420年），刘裕篡晋称宋，废恭帝，并于次年杀之。已经归隐十六七年的陶渊明，写下了一系列诗篇，寄托对晋朝的怀念，和对刘裕的愤慨。《拟古》九首，联章而为一组。这里是其中的第三首。春天来了，燕子双双回到自己的草庐。一年来自己的

草庐仍在，物是人非

陶渊明与田园诗

陶渊明借燕子在诗中表达自己的心情

门庭日见荒芜，但仍然坚持着贫穷的隐居生活。有些朋友并不理解自己的态度，一再劝说出仕。可是燕子却翩翩而来，丝毫也不嫌弃它们的旧巢以及自己这个贫士。似乎燕子在问诗人：我的心是坚定的，你的心也像我一样坚定吗？这首诗好像一个美丽的童话，浅显平淡却有奇趣。

诚如元代吴师道在《吴礼部诗话》所评说的那样，此篇诗句虽托物言志而不背弃作者内心原义。那么，陶渊明的弃官归隐，与不背弃晋朝之间，是不是有矛盾呢？其实并不矛盾。义熙元年陶渊明弃官归隐之际，东晋政权实已掌握在刘裕手中。《宋书·陶潜传》中指出陶渊明在改朝换代的情况下，以辅政为耻。到了晋代灭亡以后，陶渊明的诗文，也绝不书写宋代的年号，即不奉其正朔。如实地说，归隐之志与故国之思在渊明原是一致的，用传统文化的语言说，这就是节义。品节道义，是陶渊明一生之立身根本。

这首诗的艺术特色，令人称道的地方实在太多。首先是极为风趣又极具风骨。诗人与燕子的对话，十分风趣幽默。在这份风趣和幽默之中，却蕴藏着一种极严肃的人生态度，极坚贞的品节，这是诗歌史上一篇别开生面的优秀作品。其次，是以众蛰惊雷、草木怒生的大好春天，与没有人可以对话、只能和燕子对话的孤独寂寞相对照，从而默示出诗人悲怀之深沉。大好春光愈热闹，则诗人之孤独寂寞便也越突出，其悲怀之深也越突出。再次，是语言平淡自然而有奇趣。全诗语言读来平淡自然，可是细心体会，诗人用"时""始""舒""新"等语，表达春天一到大自然就发生的那种最新变化，是多么锐敏、精当。用"我心匪石"的成语，中间又用一个"固"字，表达故国之思，其从容不迫之中，又是何等的坚卓挺拔。人们常说陶渊明诗是绚烂归于平

诗人在诗中表达了内心的孤独寂寞

淡，其实，要从平淡自然之中，见出其奇趣精彩，尤其是一段绚烂的精神，这才是不枉读陶渊明之诗。

以上举的例子只是陶渊明众多的田园诗中的一小部分，但是却能看到陶渊明田园诗的整体的魅力与作者内心的旷达，作者对田园生活的情有独钟，要想真正的理解好陶渊明这个伟大的田园诗人，那么对他的田园诗进行品读是不可缺少的。

（四）独具魅力的陶渊明田园诗

陶渊明是我国魏晋南北朝时期最杰出的诗人，也是我国古代诗歌史上的伟大诗人之一。他的诗歌以田园生活为题材，开创了田园诗歌新的艺术境界，使田园诗歌在唐宋以后成为诗歌的重

陶渊明开创了田园诗歌新的艺术境界

陶渊明与田园诗

诗人通过对无限美好的田园风光的描绘，表达了对自然纯真的田园生活的歌颂

要内容。他自幼受儒家正统思想的熏陶，同时也受老庄思想和当时盛行的隐逸风气的影响，具有爱慕自然，企羡隐逸的思想。腐败、黑暗、污浊的社会现实，不仅使他济世的抱负根本无法实现，还得降志辱身，小心谨慎地周旋于风浪险恶的官场，这种生活使他倍感矛盾和痛苦。他在41岁任彭泽令时，辞官归隐，坚决走上了躬耕自给、洁身守志的归田道路。

归田以后，诗人通过对无限美好的田园风光的描绘，表达了对自然纯真的田园生活的歌颂，广大人民追求美好生活的理想和愿望的反映。在当时玄言诗笼罩诗坛的情况下，作者

陶渊明与田园诗

乡村田园风光如人间仙境般美丽

陶渊明与田园诗

一反玄言诗的脱离实际和枯燥无味，别开生面，为我国创作了第一流的诗歌。他的诗以全新的内容，淳朴自然的风格，为我国古典诗歌开拓了一个新的领域——田园诗，从而成为田园诗派的创始人。陶渊明的诗歌现存一百二十多首，多写于归田之后，故田园诗占了很大的比例。他的田园诗风格亲切纯真，平淡自然；意境浑融完整，高远入化，且富有真淳隽永的理趣；语言精工凝练，本色自然，不加雕饰。这些特色充分体现了他的独特的审美情趣、艺术追求和美学观点以及物我一体，心与道冥的人生境界，奠定了后世田园诗的艺术风格特色，对后世诗歌的发展从内容到形式产生了广泛而深远的影响。

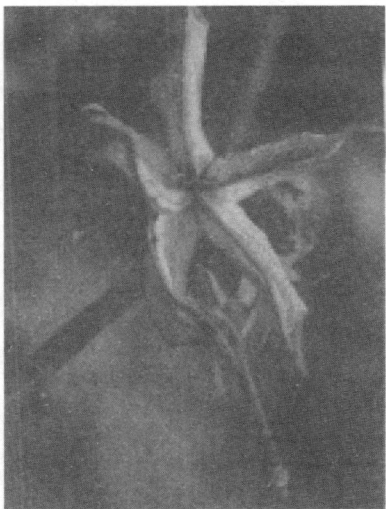

陶渊明的诗歌如田园一般淳朴自然

1、对田园的热爱与回归

陶渊明的田园诗没有感人的情境，没有着意雕琢的语言，却脍炙人口，极具艺术魅力，其主要原因之一，就是诗里充满了作者对田园的热爱与回归的强烈情感。作者的喜忧悲愁之情，无不流露于作品的字里行间。在作品《辛丑岁七月赴假还江陵夜行涂口》与《归园田居》（其一）中，就表露了作者对自己早年离开田园，误入

陶渊明与田园诗

官场无比后悔之情；在《杂诗》（其二）中则表现了作者隐居时内心十分忧愤苦闷的感情；在《饮酒》（其五）中更是洋溢着作者无比欣喜欢畅的感情；在散文中作者更是将自然环境、社会环境，人们的生活、生产劳动及精神面貌等写得淋漓尽致。绘声绘色，动的美、静的美浑然融合为一体，反映了身处乱世，躬耕于田园的贫贱之士对美好社会的憧憬，再现了作者早年未遂的"大济苍生"的理想。他像一只傍晚归巢的鸟，一头扑进生他养他的母亲——田园的怀中。他"性本爱丘山"，爱家乡，爱田园生活，他误入官场生活三十年，此时后悔不已……

陶渊明的田园诗有的是通过描写田园景物的恬静，田园生活的简朴，表现自己悠然自得的心境。或春游，或登高，或酌酒，或读书，或与朋友谈心，或与家人团聚，或濯足于檐下，或采菊于东篱，以及在南风下张开翅膀的新苗，日见苗壮的桑麻，无不化为美妙的诗歌。诗人通过对无限美好的田园风光的描绘，自然纯真的田园生活的歌颂，自己躬耕同农民友好交往的欢悦心情的倾吐，广大人民追求美好生活的理想和愿望的反映，将自己对官场黑暗的极端厌恶和对美好

诗人描绘淳朴的乡村生活，表达自己热爱生活的理想

陶渊明与田园诗

陶渊明诗歌笔法清新，平淡
自然

田园生活的向往表达得淋漓尽致。他的田园诗
风格平淡自然，亲切真挚，然而却独具匠心，
笔法清新，描写细腻，以情化理，理入于情，
达到了哲理性与形象性的统一。

　　陶诗沿袭魏晋诗歌的古朴之风而进入更纯
更熟的境地，他成功地将自然提升为一种美的
至境，他创造了中国诗歌意境中一种新的美的
类型，一种意蕴极为醇厚而又朴实无华的平淡
美，这一切的取得与其丰富的人生体验是分不
开的，如果没有田园生活的体验，也写不出这
些广为传诵的田园诗。

陶渊明与田园诗

2、儒道兼具的双重思想的体现

道教产生于东汉末年，是生长于中国本土的宗教。它以道家学说、神仙思想为主，广泛地吸收了古代文化的各个方面。传统的鬼神祭祀，原始宗教的巫术迷信、禁咒、符箓，汉代的谶纬神学，导引行气、服食炼养、辟谷延年的方术，综合起来形成了道教复杂的内容。它的势力相对而言较弱，故往往跟儒家联合，与佛教抗争。因为它吸收儒家的伦常观念，重视封建道德修养，认为伦理道德修养是修道成仙的必要条件；也不否定儒家的"修齐治平"思想，只是以其为末，而以成仙为本，有本末轻重之分。因此，在维护封建统治方面，儒道两家的

中国道教始于东汉末年

陶渊明与田园诗

目的是一致的。这也是历代封建帝王儒道并重的根本原因。

魏晋南北朝时期，封建统治者利用儒家思想对原始道教进行了改造，使之成为与儒家思想同样重要的维护封建统治的有力工具。陶的思想基本上是儒家的，但后来也一定程度上受了道家的影响。他少有济时之志，后屡遭挫折又放弃了这种理想，但能坚持志节，不肯随俗浮沉。可惜他终于"委运乘化"，顺应天命，对世事持消极不问的态度。他归田以后，参加了一部分生产劳动，跟农民平等相处，这是他思想进步的一面，对于他的文学成就起了很大的作用。 陶诗不仅开拓了田园诗这一诗歌题材的新天地，而且在田园诗的艺术上取得了重大的成就。他的诗是一种新的开创，将日常生活诗化，在日常生活中发现重要的意义和久而弥淳的诗味，在他以前屈原、曹操、曹植、阮籍、陆机等都着重于关于国家政治的题材，陶着重写普普通通的生活，用家常话写常事，写得诗意盎然。 陶渊明将自己的所有才华和精力都倾注到田园诗的创作上，取得了无以伦比的成就，一下子便将田园诗推向了峰巅。清

道教神仙图谱

陶渊明与田园诗

后人从陶渊明的田园诗里吸收了许多精华

人沈德潜说："陶诗胸次浩然，其中一段渊深朴茂不可到处。唐人祖述者，王右丞有其清腴，孟山人有其闲远，储太祝有其朴实，韦左司有其冲和，柳仪曹有其峻洁，皆学焉而得其性之所近。"可见唐代田园诗人各自从陶渊明的田园诗中吸取了某一方面的长处，而不能从整体上超越陶渊明。

陶渊明的田园诗在今天，仍有不可替代的审美价值，备受现代人关注。3、质朴无华的语言与真率性情的内容

质朴，是语言的一种艺术，也是美的必要条件。宋代文人李涂在《文章精义》中就说道："文章不难于巧而难于拙，不难于曲而难于直，不难于细而难于粗，不难于华而难于质。"真正质朴自然的语言，应该如同"清水出芙蓉，天然去雕饰"这样的语言，有助于表达真情实感。陶渊明的田园诗，语言风格质朴无华，从不雕琢。从外表看，它朴实素淡，天然无饰，然而"念在嘴里倒像有几千斤重的一个橄榄"，经得起反复咀嚼品味，发人深思。如"种豆南山下，草盛豆苗稀""今日天气佳，清吹与鸣弹""夏日长抱饥，寒夜无被眠"，全都明白如话，好像绘画中的白描，给人以清

新自然之感。但他的诗并不枯燥乏味，他善于用简洁的笔墨，描绘出最生动的形象，并赋以深厚的意蕴。"晨兴理荒秽，带月荷锄归"，只"带月"二字，那种农村的黄昏景象，劳动后的愉悦轻松，便呈现出来。"山气日夕佳，飞鸟相与还"，只是一个"佳"字，就把傍晚时分的山色鸟影完全勾画出来。这些词句铅华洗尽，出语天然，但其中的丰采韵味，却是相当浓厚的。

陶诗的自然而然，看不到刻意雕琢的痕迹，出于其"质自然"的气质和性情。陶渊明从小生活在乡村，朝夕和美好的山水田园接触，庐山、鄱阳湖的水光山色陶冶了他的

桃花园

陶渊明与庄园诗

鄱阳湖夕阳暮色

审美情趣，所以他从小就热爱自然。当然，陶诗中自然流露的意趣，主要还是他亲历躬耕的切身感受。劳动的艰辛，生活的贫困，并未使诗人甘于平庸，随遇而安，反而激发了他创作的热情。因此，陶渊明的田园诗乃是物质的自然和心中的自然的完美结合。

陶渊明与田园诗